A caligrafia de

Dona Sofia

ANDRE NEVES

Paulinas

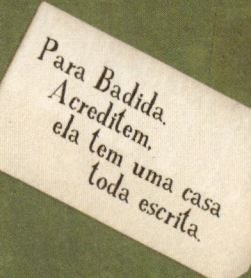

Para Badida.
Acreditem,
ela tem uma casa
toda escrita.

Dados Internacionais de Catalogação na Publicação (CIP)

Angélica Ilacqua CRB-8/7057

Neves, André

A caligrafia de Dona Sofia / André Neves. – 14. ed. rev. atual. – São Paulo : Paulinas, 2021.

56 p. : il. color. (Coleção Estrela)

Bibliografia

ISBN 978-65-5808-094-7

1. Literatura infantojuvenil brasileira 2. Poesia brasileira I. Título II. Série

21-3049 CDD 028.5

Índice para catálogo sistemático:

1. Literatura infantojuvenil brasileira

14ª edição – revista e atualizada – 2021
2ª reimpressão – 2024

Direção-geral: *Flávia Reginatto*
Editora responsável: *Andréia Schweitzer*
Assistente de edição: *Fabíola Medeiros*
Coordenação de revisão: *Marina Mendonça*
Revisão: *Sandra Sinzato e Ana Cecilia Mari*
Direção de arte: *Irma Cipriani*
Gerente de produção: *Felício Calegaro Neto*
Produção de arte: *Tiago Filu*

 Cadastre-se e receba nossas informações
www.paulinas.com.br
Telemarketing e SAC: 0800-7010081

Paulinas
Rua Dona Inácia Uchoa, 62
04110-020 – São Paulo – SP (Brasil)
📞 (11) 2125-3500
✉ editora@paulinas.com.br

© Pia Sociedade Filhas de São Paulo – São Paulo, 2021

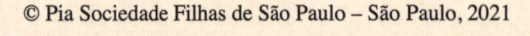

André Neves

A caligrafia de

Dona Sofia

Paulinas

Escrevo. E pronto.

Escrevo porque preciso,

Preciso porque estou tonto.

Ninguém tem nada com isso.

Escrevo porque amanhece,

E as estrelas lá no céu

Lembram letras no papel,

Quando o poema me anoitece.

A aranha tece teias.

O peixe beija e morde o que vê.

Eu escrevo apenas.

Tem que ter por quê?

Paulo Leminski

Os poetas são
os sábios do
sentimento.

J. G. de Araújo Jorge

O livro é a casa

onde se descansa

do mundo.

O livro é a casa

do tempo,

é a casa de tudo.

Mar e rio

no mesmo fio,

água doce e salgada.

O livro é onde

a gente se esconde

em gruta encantada.

Roseana Murray

Que a poesia seja

a arte de dar nome

a todos os bois:

aos pesados novilhos

de fazendeiro-prefeito

e às duas cabrinhas

do morador submisso

e por isso chamado

de morador perfeito;

que a poesia seja

a arte de dar fome

de justiça

a todos os homens.

Alberto da Cunha Melo

Que poetas deves ler?
Simplesmente
os poetas de que
gostares

e eles assim
te ajudarão
a compreender-te,
em vez de tu a eles.

Mario Quintana

Que este livro, leitor, um momento consiga
prender o teu olhar como a nuvem que passa,
e num momento de sonho e de ilusão te faça
viver, e te provoque uma palavra amiga.

Amadeu Amaral

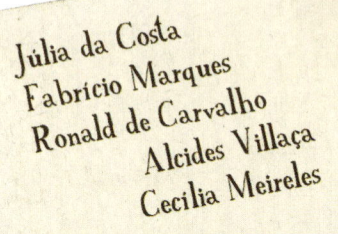

poesia

Fernando Paixão
Antonio Cicero
Augusto dos Anjos
André Neves
Leo Cunha
16-17

Jade Rainho
Sergio Capparelli
Eloi Bocheco
Olga Savary
Mário Pederneiras
Lalau
Alfredo Rossetti
Claudio Fragata
Rubens Jardim
Caio Riter
24-25

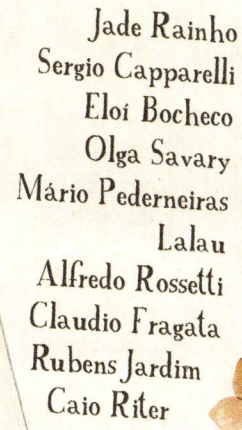

Gláucia de Souza
Maria Antonia de Oliveira
Afrânio Peixoto
Henriqueta Lisboa   36-37
Guilherme de Almeida

Paulo Netho
Henriqueta Lisboa
Marcos Bagno
João Cabral de Melo Neto
Maria Esther Maciel
Carlos Drummond de Andrade
Lau Siqueira
José de Castro   18-19

Amanda Vital
Cecilia Meireles
Cruz e Souza
Adélia Prado
Paulo Setúbal
Flávia Savary
Ricardo Silvestrin
Ronald de Carvalho

Márcia Maranhão De Conti
Mario Quintana
Henriqueta Lisboa
Helena Kolody
Matheus Guménin Barreto
Gonçalves de Magalhães   40-41

38-39

Alice Ruiz
Juvenal Galeno
Manoel de Barros
Marcos M. Casadore
Deolindo Tavares   26-27

Jorge Amâncio
Roseana Murray
Ronald Claver
Alberto da Cunha Melo
Da Costa e Silva
Cora Coralina
Ninfa Parreiras
Gláucia de Souza
42-43

Casimiro de Abreu   28

Ismael Nery
Gonçalves Dias
Ferreira Gullar
Luis Delfino
Renata Bomfim
João Proteti   20-21

Auta de Souza
Ferreira Gullar
Sônia Barros
Emilio de Meneses
Carlos Drummond de Andrade
Marcos Freitas
Luis Pimentel
Salgado Maranhão

30-31

Cyro de Mattos
Paula Taitelbaum
Angela Leite de Souza
Flávia Menegaz
Juliana Valverde
Olga Savary

32-33

Luiz Gama
Adélia Prado
Paulo Henriques Britto
Olavo Bilac
Machado de Assis
Rubens Jardim
Alexandre Brito
44-45

Castro Alves
Solano Trindade
Salgado Maranhão
Bartolomeu
de Campos Queirós
Lindolf Bell
Manuel Bandeira
Elisa Pereira   46-47

Adélia Maria Woellner
Deolindo Tavares
Aureliano Lessa
Manoel de Barros
Eliakin Rufino
22-23

Sergio Capparelli
Nana Toledo
Sérgio Vaz
Elias José
34

Lindolf Bell
Mario Quintana
Carlos Nejar
Ferreira Gullar
André Neves   48-49

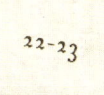
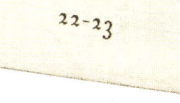

Escrevo na parede as minhas rimas,
De painéis a carvão adorno a rua;
Como as aves do céu e as flores puras
Abro meu peito ao sol e durmo à lua.

Álvares de Azevedo

Por trás das palavras
Nas entrelinhas
O poeta diz o que não pode falar

Por trás das palavras
Escondidinhas
Está a face que ele não pode mostrar

Por trás das palavras
Fica o dito pelo não dito
O avesso refletido no coração.

Socorro Miranda

Na montanha mais alta
da pequena cidade Colinas,
morava uma senhora chamada

Dona Sofia.

Sua casa era decorada com poesias.

Isso mesmo... poesias!

Quero escrever um poeminha
bonito como as estrelas,
colorido como as rosas.
Meu poeminha, bem de leve,
voaria então da minha alma,
como as andorinhas voam
procurando o azul do céu.

Celina Ferreira

Eu creio
na palavra
porque
sou palavra.
Tu és palavra.
E, se nos
unirmos,
seremos eternos.

Carlos Nejar

a verdadeira poesia
aumenta no homem
a sua humanidade.

Rubens Jardim

O poeta

dorme

sem a

necessidade

de sonhar

Mário de Andrade

Toda arte
verdadeira
só tem
um objeto:
a poesia.

Adélia Prado

não

me peça

um poema

quando

quero lhe escrever

um livro

inteiro

Ramon Nunes Mello

havendo voz e sentimento,
a poesia estará presente.

Fernando Paixão

Da casinha em que vive, o reboco alvacento
Reflete o ribeirão na água clara e sonora.
Este é o ninho feliz e obscuro em que ela mora.

Francisca Júlia

Ajuste as paredes
Escolha os ângulos
Faça salões
Faça saletas.
Use as paredes
como suporte das
palavras-poemas
que dizem mais
do que quadros
emoldurados.
Dê voz à parede,
ao piso, ao teto.
Casa vira poema
poema vira poesia.

Reynaldo Jardim

Com sua linda caligrafia
os poemas deixavam
em todos os lugares
pedacinhos de lembranças.

Mania dos tempos de professora para nunca esquecer os seus versos preferidos, nem os segredos, sonhos e sensações que as palavras dos poetas despertam.

Talvez o mundo seja
uma poesia do Criador.

Bartolomeu Campos de Queirós

Poeta é
desprendido
   da realidade.
está no
   mundo da lua

João Cabral de Melo Neto

Poesia é maçã
no cestinho da manhã.

Poesia faz folia
sob o sol do meio-dia.

Poesia se avizinha
das cores da tardezinha.

Poesia teme o açoite
do vento frio da noite.

Por isso ela procura
um lugarzinho bem quente.

E, feliz, se refugia
bem no coração da gente.

Neusa Sorrenti

O poema é fruto
pra colher na hora.

Verde,
traz o travo da trava.
Falta-lhe o mel e o encanto
do ponto da calda.

Passado,
falta-lhe a essência nova
que deixa preso e tonto
o olhar de assombro.

Mas
colhido na hora
que delicioso doce
é o poema!

Maria Dinorah

rabisquei poemas
e insultos nos muros

quem dera
meus olhos de menino
tão verdes, tão puros

nas mãos fechadas
butiás maduros

Lau Siqueira

O poema sai do estado
de tensão e passa a viver,
quando cria um estado
de comunicação.

Lindolf Bell

Como ao céu, luz, flores
Para louvar aos poetas
Não precisa ser poeta.

Afrânio Peixoto

Como é belo o acordar da primavera,
Como é doce o entreabrir de um belo dia,
Quando o peito se banha de esperanças,
Quando a mente se inunda de poesia.

Júlia da Costa

Dona Sofia
   amava as palavras assim
      como amava o seu jardim.

Ela adubava a terra,
semeava e regava
as plantas com
sábia espera.

Na hora certa
colheria as flores
   para vender e garantir
      um complemento na
         sua fraca aposentadoria.

A poesia está com tudo
   e não está prosa

a poesia
não tem pressa
não tem prazo
não tem glosa

a poesia
está em ramos
está em rosa

rima petrosa
texto veludo
escrita porosa

quem
por acaso
mantém acesa
a brasa

e vibrando
a brisa
da história

prima por ser
vazada
de
proeza e glória

a poesia
está com tudo
e não é prosa

Fabrício Marques

Olha a vida, primeiro, longamente,
enternecidamente, como quem
a quer adivinhar...

Olha a vida, rindo ou chorando,
frente a frente.

Deixa, depois, o coração falar.

Ronald de Carvalho

no fundo, o poeta
é um nomeador das coisas:
ele quer encontrar
a palavra para as coisas.

Alcides Villaça

POE
SIA EM
FLOR

recolhida, tímida,
deslumbrada,
me debruçava no mistério
das palavras e do mundo.

Cecília Meireles

A realidade é apenas
um milagre da nossa fantasia...

Transforma numa Eternidade
o teu rápido instante de alegria!
Ama, chora, sorri... e dormirás sem penas,
porque foi bela a tua realidade.

Ronald de Carvalho

Borboletas, borboletas
voando em bando
borboletando
amarelas, brancas, pretas
borboletas bailando
ballet
borboletas soletrando
letras
borboletas rodando
bambolês.
Borboletas, borboletas
bambolês e letras
bamboletras
bamboletras!

Dilan Camargo

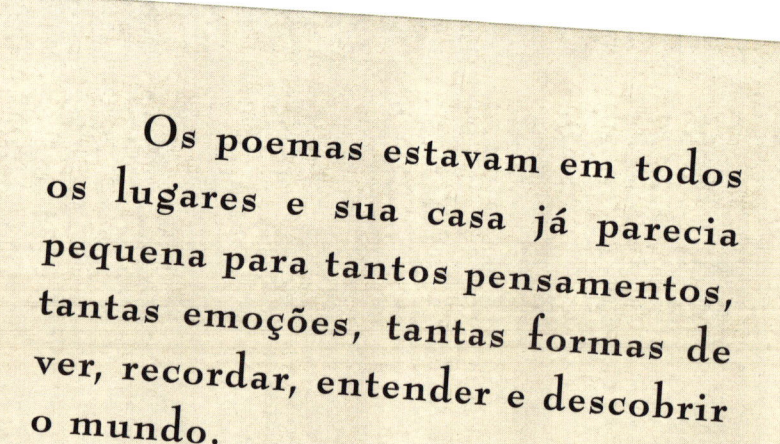

Os poemas estavam em todos os lugares e sua casa já parecia pequena para tantos pensamentos, tantas emoções, tantas formas de ver, recordar, entender e descobrir o mundo.

Não havia mais espaço onde escrever.

O que faria Dona Sofia?

Cato palavras
Como quem busca água
E acho justa a minha sede.

De tanto andar compondo versos
Perdi o jeito de fazer poesias.

Sérgio Napp

... a poesia é uma chave
do conhecimento, como a
ciência, a arte ou a religião

Murilo Mendes

O poeta foi sempre o anunciador das grandes reformas universais.

Jorge de Lima

Oh! Bendito o que semeia
Livros... livros à mão-cheia...
E manda o povo pensar!
O livro caindo n'alma
É germe – que faz a palma,
É chuva – que faz o mar.

Castro Alves

O Universo inteiro
pode ser difícil de entender,
mas eu só quero olhar
para os meus pés,
para as minhas mãos
e simplificar,
simplificar
para poder amar,
as minhas mãos,
os meus pés,
o meu verso simples.

Jonas Ribeiro

Eu hoje comi um poema com pão
Seco
Ontem não fiz nenhuma refeição
Amanhã talvez uma sopa de letrinhas
Há dias que não brota poema algum
Acordo e mantenho o jejum
Até que anoiteça
Mas as palavras um dia brotam
Como água dos rios
Como a chuva
Há poemas que caem
Há poemas que cabem
Como uma luva
E alimentam a alma.

Cristiane Sobral

Semear

Se ela pudesse plantar poemas para depois desabrochar como flores...

Sim! Era isso!

Habilidades também florescem quando é preciso reinventar as horas. Dona Sofia juntou o mais importante em sua vida para ressignificar os sentidos do existir. Misturou as flores nas tramas do papel e tornou delicada e especial uma nova ideia.

Cartões poéticos.

O poeta
escreve
poesia
para ser
criança
todo dia.

Fernando Paixão

Seriam
entregues
como um
presente
sensível
e secreto
para a
realidade
envolver
a vida de
curiosidades
e encantos.

Quando amo
um poema,
ele faz parte de
minha vida,
e eu o sinto como se
ele fosse meu.

Antonio Cicero

A Esperança não murcha, ela não cansa,
Também com ela não sucumbe a Crença.
Vão-se sonhos nas asas da Descrença,
Voltam sonhos nas asas da Esperança.

Augusto dos Anjos

Um poema moderno
só queria ser eterno
e voou.

André Neves

Poeta tem mão de fada.
Quando ele escreve, a caneta
voa que nem borboleta,
vira vareta encantada.
Não é mais caneta, não,
é varinha de condão.

Leo Cunha

Colabore

na elaboração

de um sonho.

Sonhabore

como quiser.

Todo calor

sabor

dissabor

sonhabore até.

Paulo Netho

Não há poesia
com destinatário.
Assim como não há céu
especial para crianças,
tempestades especiais,
mares, florestas para
cada classe
de seres humanos.

Henriqueta Lisboa

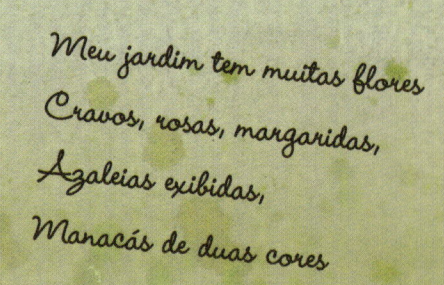

Meu jardim tem muitas flores
Cravos, rosas, margaridas,
Azaleias exibidas,
Manacás de duas cores

Nele a vida corre e voa,
Pula, vibra e ri à toa!

Marcos Bagno

Para Dona Sofia o essencial
era transformar a realidade
em fantasia.

Continuar a escrever poemas
para depois libertá-los surpreenderia as
pessoas e provocaria sonhos. Seria o
mesmo que arrepiar os pensamentos
com uma brisa leve quando
toca a alma.

Agora era preciso chamar
o Seu Ananias.

The Bicycle

Catar feijão se limita com escrever:

joga-se os grãos na água do alguidar

e as palavras na folha de papel;

e, depois, joga-se fora o que boiar.

Certo, toda palavra boiará no papel,

água congelada, por chumbo seu verbo:

pois para catar esse feijão, soprar nele,

e jogar fora o leve e oco, palha e eco.

João Cabral de Melo Neto

A poesia, para mim, resulta
de um desabafo,
da inconformidade
com o mundo.

Carlos Drummond de Andrade

Escrever

a água

da palavra mar

o voo

da palavra ave

o rio

da palavra margem

o olho

da palavra imagem

o oco

da palavra nada.

Maria Esther Maciel

Eu procuro
a poesia
em todos
os meus atos.

Lau Siqueira

Em poemas

de orvalho

e sereno

anoiteço.

Em versos

enluarados,

me viro

ao avesso.

Em rimas

de belas

estrelas

adormeço.

Entre

cantos

de pássaros

amanheço.

Poesia

raio de sol,

novo dia,

recomeço.

Em versos

travessos,

novamente,

me esqueço.

José de Castro

O poeta quer se locomover
Para quê bonde, navio, avião ou zepelim
Se já te encontrei e estás comigo?!
Para quê,
Se tu és para mim o universo inteiro?!
Para quê,
Se estamos juntos da cabeça aos pés?!

Ismael Nery

O sol desponta
Lá no horizonte,
Doirando a fonte,
E o prado e o monte
E o céu e o mar;
E um manto belo
De vivas cores
Adorna as flores,
Que entre verdores
Se vê brilhar.

Gonçalves Dias

Seu Ananias cuidava da correspondência local em Colinas.

Nas horas vagas ajudava Dona Sofia no colher e transportar das flores para comércio na cidade.

Não seria difícil entregar os cartões. Esse era o seu trabalho.

Poesia é
a palavra
dando cria,
germinando,
brotando e
despontando
a guia.

Renata Bomfim

A poesia ajuda
as pessoas a viverem,
é para isso que ela serve.

Ferreira Gullar

A rima, a rima, a sonorosa rima,
Bater de asas de pássaros, que anima,
E dá vida, e rumor, e voo ao verso...

Luís Delfino

Nessa sua viagem
Por esse mundo vão
Quero que você me leve
Como bagagem de mão.

João Proteti

SEM
EAR
POE
SIA

CORREEEEiiiiiiOOOOOOSS

A ideia tornou-se um mistério poético.
Abriu portas e janelas,
bagunçou armários fechados,
ocupou espaços vazios,
clareou com luz a escuridão
e invadiu a cidade.

Em tudo,
na semente,
a expressão do todo.

No poema,
resulto ser,
criador e criado,
quando me permito
fundir-me com o universo
e perceber
o infinito em mim...

Adélia Maria Woellner

Nasci para semear Poesia
sobre a raça dos homens nascidos tristes.
Nada desejo deste mundo aflito e louco
Senão repartir a noite e o dia
Com aqueles que ainda vivem
Na sombra dos primitivos mundos.
Nasci para semear Poesia.

Deolindo Tavares

Antes das palavras
vem o canto puro, sem sentido,
que é aquilo que está
no bico dos pássaros.

Manoel de Barros

Quando eu era pequenino
Subia alegre e traquino
Da montanha o alto pino,
Para os ecos escutar;
Supondo ser uma fada
Que me falava ocultada,
Para ouvir sua toada,
Gritava à toa no ar.

Aureliano Lessa

Poeta é aquele que canta
e carrega na boca uma flor
é aquele que traz na garganta
um passarinho cantador.

Poeta é aquele que escreve
uma canção popular
é aquele que se atreve
e manda o povo pensar.

Poeta é aquele que passa
aquele que segue cantando
sempre em estado de graça
poeta é quem vive amando.

Poeta é aquele que ri
depois de chorar baixinho
sabe bem aonde ir
não sabe é viver sozinho.

Eliakin Rubino

o tempo
astronauta louco
soltou minha mão
e eu me fui
Girassol
nas tardes

Jade Rainho

A noite
foi embora
lá no fundo
do quintal
esqueceu
a lua cheia
pendurada
no varal.
Sergio Capparelli

Flor-de-maio no canteiro
Passarinho na janela
O que espera passarinho
para beijar flor tão bela?

Eloí Bocheco

Entre teu céu
e o meu
leve sussurro de asas.

Olga Savary

Meu livro é um jardim
na doçura do Outono
E que a sombra amacia
De carinho e de afago
Da luz serena do final do dia.

Mário Pederneiras

24

Passarinhos
São os mais coloridos
Dos anjinhos.

Passarinhos
São crianças.
Enquanto eles voam
Porque são o que são,
Elas podem voar
Com as asas
Da imaginação.

Lalau

Não sei de onde vim
e para onde vou me inquieta.
Vivo entre a lógica e a loucura.
Daí, poeta.

Alfredo Rossetti

Ar pra viajar nas asas do avião.

Ar pra andorinha anunciar o verão!

Claudio Fragata

Mudas, no papel, as palavras
pronunciadas voam
que nem passarinhos.
Será que elas criam ninhos
... nos teus ouvidos?

Rubens Jardim

Os passos pelo caminho,
toc-toc-toc-toc,
são gestos de carinho
de quem toc-toc
vai visitar vizinho.
As batidas na porta
toc-toc-toc-toc,
seja noite, seja dia,
só querem toc-toc
abrir a casa para a alegria.

Caio Riter

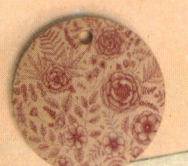

Os poemas chegaram como segredos escondidos em asas de andorinhas, transcenderam o voo dos sentidos e fizeram festa nos pensamentos.

Aceitar o presente, bastava.

poesia
moro contigo
vou contigo pra todo lado
ônibus
praça parquinho
casa casa loja casa terreno casa
esquina
casa casa
poesia, contigo
às vezes não te leio nem vejo
só sinto ouço farejo
(poesia)
gosto quando me reconforta
mesmo sem eu pedir

Marcos M. Casadore

Seu Ananias não revelou nada a ninguém, nem mesmo desconfiou que Dona Sofia ainda tinha outras surpresas.

No meu tranquilo mundo de poeta
Pouco importa que os reis caiam
E as rainhas também dos tabuleiros de xadrez
Sob as patadas dos cavalos,
Sob os risos dos bobos;
No meu tranquilo mundo de poeta,
Há um céu imenso, deserto e sem limites.

Deolindo Tavares

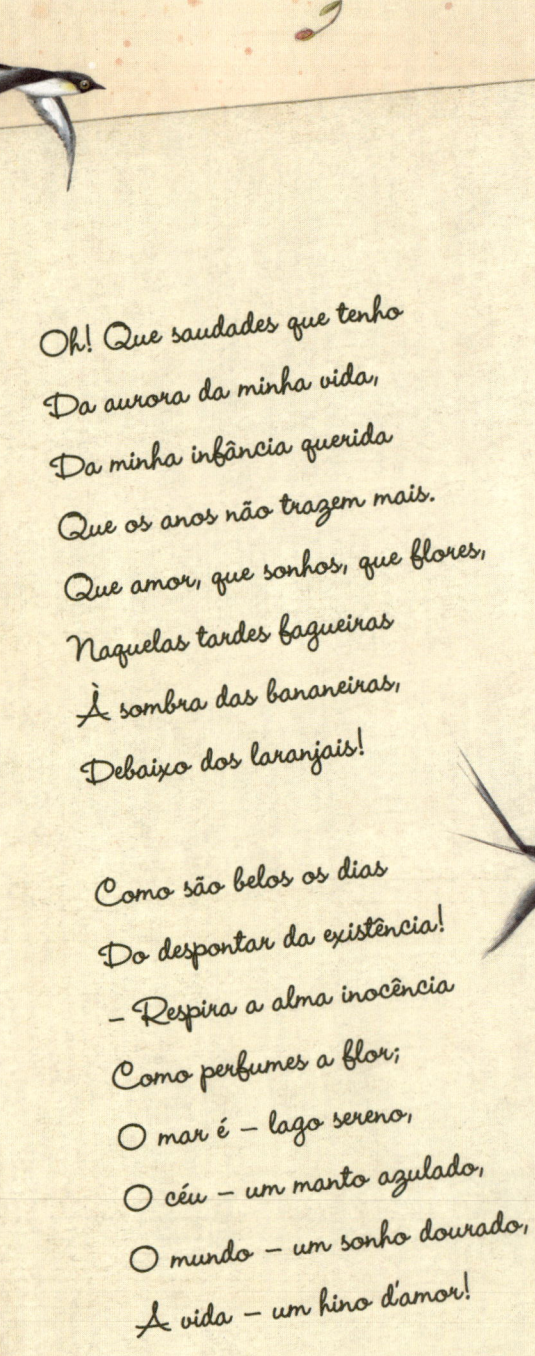

Oh! Que saudades que tenho
Da aurora da minha vida,
Da minha infância querida
Que os anos não trazem mais.
Que amor, que sonhos, que flores,
Naquelas tardes fagueiras
À sombra das bananeiras,
Debaixo dos laranjais!

Como são belos os dias
Do despontar da existência!
– Respira a alma inocência
Como perfumes a flor;
O mar é – lago sereno,
O céu – um manto azulado,
O mundo – um sonho dourado,
A vida – um hino d'amor!

Casimiro de Abreu

"Quem já viu escrever uma carta para o próprio carteiro?"

Enquanto a gente é criança
Tem no seio um doce ninho
Onde vive um passarinho
Formoso como a Esperança.

E ele canta noite e dia
Porque se chama: Alegria.

Auta de Souza

Poeta com os
pés no chão
não existe.

Ferreira Gullar

Livro se transforma
Em tapete voador
Quando tem leitor

Sônia Barros

Poesias são palavras
em busca de sons perfeitos.

Seu Ananias se lembrou das cantigas
antigas que o faziam voar com sorrisos.
Os versos da infância conseguiam como
mágica reconstruir momentos perdidos
no tempo de quem, assim como ele,
havia crescido demais.

Os bons
versos não
têm pés:
têm asas.

Emílio de Meneses

Gastei uma hora pensando um verso
que a pena não quer escrever.
No entanto ele está cá dentro
inquieto, vivo.
Ele está cá dentro
e não quer sair.
Mas a poesia deste momento
inunda minha vida inteira.

Carlos Drummond de Andrade

Poesia
não é só
o que há
de bom.
Poesia
muda o tom:
um dia é azul,
de céu e harmonia.
No outro é bem cinza,
de parede fria.
Mesmo assim
é poesia.

Luís Pimentel

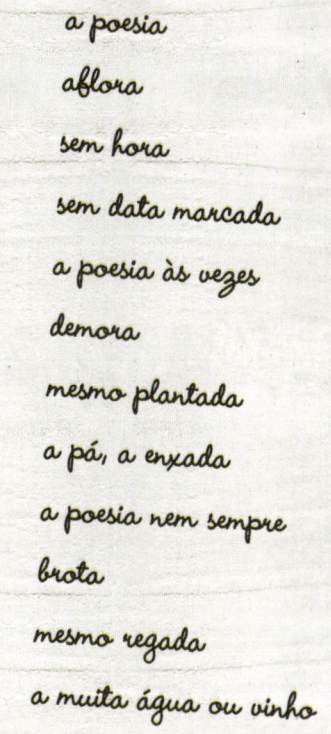

T
E
P
M
O

a poesia
aflora
sem hora
sem data marcada
a poesia às vezes
demora
mesmo plantada
a pá, a enxada
a poesia nem sempre
brota
mesmo regada
a muita água ou vinho

a poesia
no entanto
sempre retorna
e me entorna
de alegria

Marcos Freitas

A poesia
é uma via
da experiência
humana
mais elevada
que existe

Salgado Maranhão

As palavras encaixaram-se umas nas outras
como pétalas. À flor da pele. Sentimento indo
e vindo num festivo encontro do passado com
o presente.

Seu Ananias respirou fundo
e voltou à casa da
Dona Sofia
interessado em
prestar atenção onde antes
julgava só haver silêncios.

As palavras, depois de serem ditas,
diferentes de somente escritas,
abandonam as vozes e viajam pelo céu.

Flutuam invisíveis e silenciosas.
Quem sabe buscando
um poema ou uma prosa?

Paula Taitelbaum

Bem lá na beirinha
do vento é que se inventam
todas as canções.

Aquele sabiá
pousado lá no varal:
nota musical.

Linha do horizonte
presa na agulha do sonho
borda poesia.

Angela Leite de Souza

Entre fantasia e realidade
invento cores
entre solidão e a lágrima
eu canto.

Se a verdade queima meus sonhos
e a dor arde insuportável
eu choro até a noite acabar.

Depois eu lavo o rosto,
tomo meu café
e saio de bicicleta
à procura de outros caminhos.

Flávia Menegaz

Pisar no chão e voar.
Só na poesia.
Só
a
poesia.

Juliana Valverde

A boa poesia me dá prazer,
venha de onde vier.

Olga Savary

A lua
aluada
estuda
tabuada.

A lua
luneta
estuda
opereta.

A lua
de mel
estuda
o céu.

A lua
lunática
estuda
gramática.

Sergio Capparelli

Tem livro
que parece gente.
Chega de surpresa
e, no meio de tudo,
me deixa contente.

Nana Toledo

"Dona Sofia, por que a senhora escreveu
poemas por toda a casa?"

"Porque eles alegram meu espírito com
delicadezas e trazem-me de volta
lembranças com um jeitinho
silencioso para abraçar a vida."

A leitura continuou em passeios
pela infância, nos sorrisos abertos
ao ritmo das palavras, na fantasia
sem pressa, em rimas que
brincavam com o tempo.

Na palavra Jardim,
Há risos e vozes,
De gente e de pássaros.
Há gosto de festa,
Brincadeiras de crianças,
E uma deliciosa e oculta magia
Na mímica dos namorados.

Elias José

poesia busca
a humanidade das coisas
nas pequenas coisas.
Eu diria que ela
é aliada da humanidade.

Sérgio Vaz

Fui estrada mundo adentro

e me dobrei em pensamento!

Fui correndo, brinco ao vento,

e aproveitei esse momento...

Fui na estrada mundo afora

e me dobrei ao ir embora!

Vim correndo e brinco agora:

mundo grande não demora...

Gláucia de Souza

Estar feliz

é bambolear

soltar o corpo

ver para crer

e ver

que dá mais certo a vida

combinada com felicidades

quando a gente

não põe o pé no freio

deixando tudo deslizar

bicicletamente.

Maria Antonia de Oliveira

Ao regressar à cidade, Seu Ananias
passou pela Igreja Matriz,
deu a volta na praça,
nas pequenas lojas do centro,
no Beco das Três Irmãs,
na Rua Torta,
na Quitanda da Inácia,
no Bar do Seu Cecílio.

Fiz uma charada:

Não sabia que isto é hoje

A poesia pura.

Afrânio Peixoto

O poeta de amanhã
poderá vir a ser
o poeta
das crianças:
se o reino poético
infantil for puro
e livre.

Henriqueta Lisboa

36

A rua que eu imagino, desde menino,

para o meu destino pequenino

é uma rua de poeta,

reta, quieta, discreta,

direita, estreita, benfeita, perfeita,

com pregões matinais de jornais,

aventais nos portais, animais

e varais nos quintais...

... uma rua que tem escrito

um nome bonito, bendito,

que sempre repito

e que rima com mocidade,

liberdade, tranquilidade:

Rua da Felicidade.

Guilherme de Almeida

Outros adultos voltaram a ser criança.
Crianças não queriam ser adultos.

Os poemas inventavam formas de
encantar o dia a dia das pessoas.

poesia se esconde
no profundo
da nossa alma

cabe ao poeta
torná-la acessível

acesa e legível.

Amanda Vital

Acho linda
a continuidade humana
através da poesia.

Cecília Meireles

Teus traquinantes olhinhos
Continhas, Ziza, parecem;
Ziguezagam sempre, tontinhos
Teus traquinantes olhinhos;
Tão pretos, tão redondinhos
Olhinhos que me embevecem,
Teus traquinantes olhinhos
Continhas, Ziza, parecem.

Cruz e Souza

Parecia fácil amanhecer um sol entre as palavras. Adormecer na lua em um poema noturno. Ouvir as canções do silêncio. Entrar no vazio para chegar ao infinito e saber como reviver quantas vezes quiser.

Os poetas pareciam estar ali. Saíram dos livros para serem lidos e relidos.

A poesia é fraterna,
solidária, chama
tudo a um centro
humano divino.
É sempre comunhão.

Adélia Prado

Seis horas... Salto do leito,
Que céu azul! Que bom ar!
Ai, como sinto no peito,
Moço, vivo, satisfeito,
O coração a cantar!

Paulo Setúbal

Cálice. Corola.
Pólen. Pétala.
De repente,
da página
do livro da escola,
salta uma libélula.
Tão livre...
lá vai ela!
Não tenho culpa
se está aberta
a janela.

Flávia Savary

palavra não é coisa

que se diga

quem toma palavra

pela coisa

diz palavra com palavra

mas não diz coisa com coisa

a palavra pode ser pesada

a coisa, leve

e vice-versa não é coisa alguma

a palavra coisa

não é a coisa palavra

palavra e coisa

jamais serão a mesma coisa.

Ricardo Silvestrin

Há versos que são como um jardim depois da chuva:

deixam em nós a sensação de água caindo,

caindo em bolhas trêmulas da ponta das folhas,

escorrendo da pele macia das pétalas,

pingando nos galhos lavados, gota a gota,

pingando no ar...

Versos que cheiram a terra molhada,

versos que são como jardim depois da chuva...

Ronald de Carvalho

Parece que a cidade passeia,
E o pensamento espia a palavra.
Há um poema que vagueia,
Versos virando paisagem.

Parece que a janela me leva,
E o poema levanta os olhos.
Não sei se fico ou viajo.
Vou nas palavras e volto.

Parece que tudo é passagem.
O poema beija meus olhos.

Márcia Maranhão De Conti

Pois bem,
às vezes
de tudo quanto lhe entrego, a Poesia faz uma coisa que
parece que nada tem a ver com os ingredientes mas que
tem por isso mesmo um sabor total: eternamente esse
gosto de nunca e de sempre.

Mario Quintana

Andorinha no fio
escutou um segredo.
Foi à torre da igreja,
cochichou com o sino.

E o sino bem alto:
delém-dem
delém-dem
delém-dem
dem-dem!

Toda a cidade
ficou sabendo.

Henriqueta Lisboa

Assim como o poeta
nasceu poeta,
o leitor nasceu também
um pouco poeta,
ele tem que ter sensibilidade
para penetrar no segredo
do poema.

Helena Kolody

Pega na mão a pedra

pega na mão a cadeira

pega na mão o pão

mesa escada copo d'água

pega

puxa pro lado

e descobre ali

a poesia.

Matheus Guménin Barreto

Tu és tudo, oh Poesia!

Tu estás na paz, e na guerra,

Nos céus, nos astros, na terra,

No mar, na noite, no dia!

Oh mágico Nume,

Que minha alma adora,

Do céu sacro lume,

Que abrasa, e vigora

O meu coração!

Tu és o perfume,

E o esmalte das flores,

Dos sóis os fulgores,

Dos céus a harmonia,

Do raio o clarão!

Tu és a alegria

Gonçalves de Magalhães

Alguns declamavam os versos preferidos ou lembraram as coisas mais tocantes lidas na juventude. Outros buscaram na biblioteca da cidade novos poemas e poetas. Livros esquecidos pularam das prateleiras e voaram sobre a cidade.

Houve até quem ensaiou colocar no papel seus sentimentos mais profundos.

Meu poema

abate

aqueles que creem

que pela cor

faz-se o homem

Jorge Amâncio

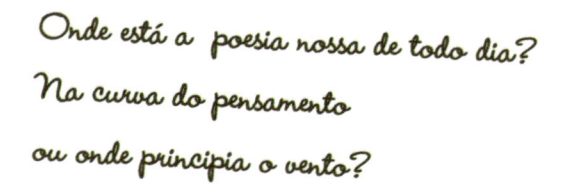

Onde está a poesia nossa de todo dia?

Na curva do pensamento

ou onde principia o vento?

Está com o menino que brinca

de esconde-esconde no porão

ou com a menina que namora de montão

no portão?

A poesia nossa de todo dia

que cabe em qualquer coração

está na cor do lápis de cor,

ou no beija-beija do beija-flor?

A poesia nossa de todo dia

é pau, é pedra, é Pedro

é fogo, é fogueira, é João

é o amor fazendo cócegas

no coração.

Ronald Claver

Poesia tira
o que a gente
tem de melhor
de dentro
da gente.
E todos nascemos
poetas, depois
a gente vai
esquecendo.

Roseana Murray

a poesia é a
sintonia fina
da linguagem.

Alberto da Cunha Melo

Saudade! És a ressonância

De uma cantiga sentida,

Que, embalando a nossa infância,

Nos segue por toda a vida!

Da Costa e Silva

hoje

    nós temos
que achar
    a poesia
na realidade
    da vida
e a vida
    toda
    é poesia.

Cora Coralina

O que nasce, vive, morre.
O que desaparece, anoitece, amolece...
Vai embora, se transforma, renasce.
O que passa, o que chega, o que vem...
Os dias, as semanas, os anos, as séries...
As doenças, as contas, os apuros.
Os sustos.
O tempo dá conta de carregar as horas e as páginas.
As saudades, as alegrias, as pessoas, as mágoas, as perdas...
Só o tempo dá conta do tempo.
Dá tempo ao tempo.
Tempo do tempo.
Tempo.

Ninfa Parreiras

The Bicycle

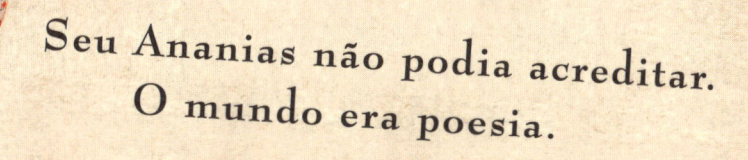

Seu Ananias não podia acreditar.
O mundo era poesia.

Havia chegado a hora da sua
sensibilidade também provocar
surpresas.

Ele revelou
a cada morador
o segredo:
que aqueles cartões
haviam sido enviados
por Dona Sofia.

A fala pula na boca vazia,
enche o lábio de astro,
enche de fala gorda,
enche de fala fácil.

O beijo estala no lábio:
beijo é boca em festa
com gosto de bala,
estalada no lado do rosto...

O riso cola na cara:
lábio que não para
finge que é de nada
– é gargalhada!

Gláucia de Souza

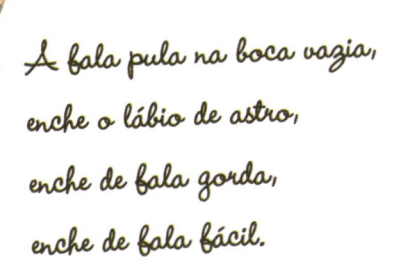

Quero também ser poeta,
Bem pouco, ou nada me importa
Se a minha veia é discreta
Se a via que sigo é torta.

Luiz Gama

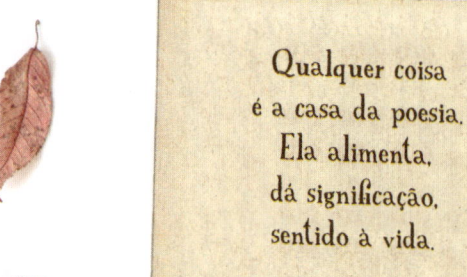

Qualquer coisa
é a casa da poesia.
Ela alimenta,
dá significação,
sentido à vida.

Adélia Prado

E desde aquele dia Seu Ananias
levou para Dona Sofia
cartas e cartões
dos moradores
de Colinas.

Alguns também foram visitá-la
no alto da montanha.

A invenção da palavra
desinventa o real
e põe no lugar da coisa
um enfezado matagal —
mistura de a coisa haver
com não haver coisa tal.
E quem ao pé desse mato
tocaia algum animal
que tenha pé e cabeça
pele escama pelo ou pena
encontra mesmo é um poema
afinal.

Paulo Henriques Britto

POESIA É BÁLSAMO

Porque a Beleza, gêmea da Verdade,
Arte pura, inimiga do artifício,
É a força e a graça na simplicidade.

Olavo Bilac

Teus olhos são meus livros.
Que livro há aí melhor,
Em que melhor se leia
A página do amor?
Flores me são teus lábios.
Onde há mais bela flor,
Em que melhor se beba
O bálsamo do amor?

Machado de Assis

poesia não é só
a habilidade
de lidar
com palavras
e escrever
poemas.
É também
um modo
de viver,
é uma atitude diante
e dentro
da vida.

Rubens Jardim

faço versos
sim, faço versos
sou réu confesso
faço versos
quando tropeço
no universo

faço versos de bobo
e não há acerto
que me faça
não errar de novo

faço versos
porque posso
se não faço
me dá um troço

faço versos
por nada
por pirraça
é a minha cachaça

faço versos
porque quero
se nesse mundo
tudo tem um número
o meu é zero

Alexandre Brito

FAÇO VERSOS

FAÇA VERSOS

Poetas despertai enquanto é tempo
antes que a poesia do mundo
vá-se embora
antes que caia sobre o homem
um peso insuportável...

Vinde correndo
cantar o vosso canto de Amor
para que as crianças
não sucumbam

Vinde com a vossa poesia
socorrer as mulheres
para que elas não caiam em desespero

Vinde poetas
pois vós
conheceis o segredo da vida...

Solano Trindade

de vez em quando
a poesia
se insinua
para que eu a possua.

depois
arredia
desaparece
como se habitasse
a outra
face
da lua.

Salgado Maranhão

O homem tem
o tamanho
da palavra
que ele
sabe dizer.

Bartolomeu Campos
de Queirós

Deixai vir a mim
a palavra destino.

Manhã de surpresas, lascívia e gema.
Acasos felizes, deslizes.
Ovo dentro da ave dentro do ovo.
Palavra folha e flor.

Deixai vir a mim palavra
e seus versos, reversos:
metamorfose,
metaformosa.

Deixai vir a mim...

Lindolf Bell

Como era bom sentir de perto o aroma das flores, admirar aquela bela caligrafia, ouvir boas histórias, agitar os pensamentos, se entregar aos encantos de quem descobriu nos livros como viver com sabedoria.

faço versos
porque
não sei
fazer música...
Jamais senti
que meu destino
fosse a Poesia.
sobretudo assim
com esse
P maiúsculo...

Manuel Bandeira

Agora eu sou a poesia
tentando falar o inaudível,
palavras envoltas pela melodia
silenciosa do coração.
Canto sereno na boca amordaçada,
sem verso, sem estilo,
sem nome, sem rima.
Sou a poesia encarnada,
o verso do inverso,
sem começo,
nem meio,
sem fim.
Poesia que procura no poeta
a alma do mundo.

Elisa Pereira

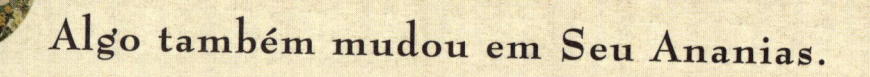

Algo também mudou em Seu Ananias.

Agora, quem diria,
ele escreve poesias...
para o mundo,
para a vida,
para Dona Sofia.

Como um jardim.
Brilhantes pétalas
de uma canção.

A inocência das margaridas,
A beleza das camélias,
A pureza dos lírios,
A modéstia das violetas,
A fantasia das papoulas,

Te fez botão!

Ó flor do campo,
Do alto da chapada,
Cerrada de ouro e prata,
Que brotou em mim.

Ananias

A poesia é o
instrumento mais
generoso para
eliminar a solidão,
a indiferença,
o desencanto,
o cinismo
e a discriminação.

Lindolf Bell

Ser poeta
não é uma maneira de escrever.
É uma maneira de ser.

Mario Quintana

A poesia está
onde estiver
a liberdade
e o sopro do Espírito.

Carlos Nejar

O homem não faz poesia
para sair da vida,
ele faz poesia para ter
coragem de viver.

Ferreira Gullar

Seja
como
for,
poesia
é flor.

André Neves

49

As melhores cartas são aquelas
cheias de mentiras verdadeiras.

Com coceira, bobeira,
rima e alegria para todo o dia.
Tem um melro em melodia.

Mi, ré, fá, lá, dó, si
e sol a descansar
no horizonte do parágrafo.

Com nada e tudo
para montar
poesias.

E o carteiro leva à mão
lacradas curiosidades.
Envelope coração
ao imaginar
silêncios.

André Neves

Em poemas

- ABREU, Casimiro de. Meus oito anos (fragmento). In: *Melhores poemas de Casimiro de Abreu*. São Paulo: Global, 2000.

- ALMEIDA, Guilherme de. A rua das rimas. In: *Melhores poemas de Guilherme de Almeida*. São Paulo: Global, 1993.

- ALVES, Castro. O livro e a América (fragmento). In: GOMES, Eugênio (org.). *Obra completa*. Rio de Janeiro: Aguilar, 1960.

- AMÂNCIO, Jorge. Navalha. In: *Negrojorgen*. Brasília: Itiquira/ACAE Comunicação e Editora, 2016.

- AMARAL, Amadeu. Abrindo espumas (fragmento). In: *Poesias completas*. São Paulo: Hucitec/Secretaria da Cultura, Ciência e Tecnologia do Estado, 1977.

- ANDRADE, Carlos Drummond de. Poema. In: *Alguma poesia*. São Paulo: Companhia das Letras, 2013.

- ANDRADE, Mário de. Yayá, fruta-do-conde, castanha-do-pará! (fragmento). In: *Poesias completas de Mário de Andrade*. Rio de Janeiro: Nova Fronteira, 2013.

- ANJOS, Augusto dos. A esperança (fragmento). In: *Eu e outras poesias*. Rio de Janeiro: Civilização Brasileira, 1998.

- ASSIS, Machado de. Livros e flores. In: *Melhores poemas*: *Machado de Assis*. São Paulo: Global, 2010.

- AZEVEDO, Álvares de. III Vagabundo (fragmento). In: *Os melhores poemas de Álvares de Azevedo*. São Paulo: Global, 1985.

- BAGNO, Marcos. Meu jardim. In: *O tempo escapou do relógio*. Curitiba: Positivo, 2015.

- BARRETO, Matheus Guménin. Poema extremo. In: *A máquina de carregar nadas*. Rio de Janeiro: 7 Letras, 2017.

- BARROS, Sônia. I. In: *Nas asas do haicai*. Belo Horizonte: Aletria, 2016.

- BELL, Lindolf. A palavra destino (fragmento). In: *O código das águas*. São Paulo: Global, 1994.

- BILAC, Olavo. A um poeta (fragmento). In: *Obras reunidas*. Rio de Janeiro: Nova Aguilar, 1996.

- BOCHECO, Eloí. Flor-de-maio (fragmento). In: *Cantorias de jardim*. São Paulo: Paulinas, 2012.

- BOMFIM, Renata. Poesia I. In: *Arcano dezenove*. Vitória: Helvética Produções Gráficas e Editora, 2010.

- BRITO, Alexandre. Faço versos. In: *Seleta esperta*. Porto Alegre: Castelinho, 2012.

- BRITTO, Paulo Henriques. Piada de câmara. In: *Mínima lírica*. São Paulo: Companhia das Letras, 2013.

- CAMARGO, Dilan. Bamboletras. In: *Bamboletras*. Porto Alegre: Projeto, 1998.

- CAPPARELLI, Sergio. A noite. In: *Tigres no quintal*. São Paulo: Global, 2008.

- CAPPARELLI, Sergio. As fases da lua. In: *111 poemas para crianças*. Porto Alegre: L&PM, 2003.

- CARVALHO, Ronald de. Arte poética; Filosofia. In: *O espelho de Ariel e poemas escolhidos*. Rio de Janeiro: Nova Aguilar, 1976.

- CARVALHO, Ronald de. Cheiro de terra. In: *Epigramas irônicos e sentimentais*. Rio de Janeiro: Anuário do Brasil, 1922.

- CASADORE, Marcos M. Diadia. In: *Mínima lista*. Goiânia: UFG, 2013.

- CASTRO, José de. Versos travessos. In: *Apenas palavras*. Natal: CJA, 2015.

- CLAVER, Ronald. A poesia de todo dia. In: *Todo dia é dia de poesia*. Belo Horizonte: Abacatte, 2009.

- CONTI, Márcia de. Um poema no ônibus. In: *Luar nos porões*. Goiânia: PUC-GO/Kelps, 2011.

- COSTA, Júlia da. A primavera (fragmento). In: *Poesia Júlia da Costa*. Curitiba: Imprensa Oficial do Paraná, 2001.

- CRUZ E SOUZA, João da. Olhares. In: *Poesias completas de Cruz e Souza*. Rio de Janeiro: Ediouro, 2001.

- CUNHA, Leo. A mão do poeta. In: *Cantigamente*. Rio de Janeiro: Nova Fronteira, 2000.

- CUNHA MELO, Alberto da. Sertão Central e de Crateús. In: *O cão de olhos amarelos & outros poemas inéditos*. São Paulo: Girafa, 2006.

- DELFINO, Luís. A rima (fragmento). In: *Melhores poemas de Luís Delfino*. São Paulo: Global, 2010.

- DIAS, Gonçalves. A tempestade (fragmento). In: *Melhores poemas de Gonçalves Dias*. São Paulo: Global, 2000.

- DINORAH, Maria. Colheita. In: *Giroflê giroflá*. Belo Horizonte: Lê, 1995.

- FERREIRA, Celina. Meu poeminha (fragmento). In: *Papagaio Gaio (poeminhas)*. Belo Horizonte: Formato, 1998.

- FRAGATA, Claudio. Ar. In: *Alfabeto escalafobético*. São Paulo: Jujuba, 2013.

- FREITAS, Marcos. Eterno retorno. In: *Nous sommes nos songes*. Brasília: Edição do Autor, 2019.

- GALENO, Juvenal. No álbum (fragmento). In: *Prelúdios poéticos*. Fortaleza: Governo do Estado do Ceará, 2010.

- GAMA, Luiz. Lá vai verso! (fragmento). In: GÓES, Fernando (org.). *Trovas burlescas e escritos em prosa*. São Paulo: Cultura, 1944.

- GONÇALVES DE MAGALHÃES, Domingos José. A poesia (fragmento). In: *Suspiros poéticos e saudades*. Brasília: Wentworth Press, 2019.

- JARDIM, Reynaldo. Moradia. In: *Sagradas Escrituras.* Brasília: Edição do autor, 2009.

- JARDIM, Rubens. Transfiguração. In: *Cantares da paixão*. São Paulo: Arte Pau-Brasil, 2008.

- JOSÉ, Elias. Jardim. In: *Pequeno dicionário poético-humorístico ilustrado*. São Paulo: Paulinas, 2006.

- JÚLIA, Francisca. Rústica. In: *Poesias*. São Paulo: Conselho Estadual de Cultura, 1961.

- LALAU. Quem tem asas. In: *Fora da gaiola e outras poesias*. São Paulo: Companhia das Letrinhas, 1995.

- LEMINSKI, Paulo. Razão de ser. In: *Toda poesia.* São Paulo: Companhia das Letras, 2013.

- LESSA, Aureliano. O eco. In: *Poesias*. Belo Horizonte: Autêntica, 2000.

- LISBOA, Henriqueta. Segredo. In: *O menino poeta*. São Paulo: Peirópolis, 2019.

- MACIEL, Maria Esther. Ofício. In: *Triz*. Belo Horizonte: Orobó, 1998.

- MARANHÃO, Salgado. (1953). Pó & Cia. In: *Palávora*. Rio de Janeiro: Sette Letras, 1995.

- MARQUES, Fabrício. Encantamento pelo samba. In: *Meu pequeno fim*. Belo Horizonte: Scriptum, 2002.

- MELLO, Ramon Nunes. Romance. In: *Há um mar no fundo de cada sonho*. Rio de Janeiro: Verso Brasil, 2016.

- MELO NETO, João Cabral de. Catar feijão (fragmento). In: *A educação pela pedra*. Rio de Janeiro: Alfaguara, 2008.

- MENEGAZ, Flávia. Passagem. In: *Poetando*. Belo Horizonte: Alis, 2003.

- MIRANDA, Socorro. Nas entrelinhas... In: CASTRO, Madalena et alii (orgs.). *X Antologia da Sociedade dos Poetas Vivos de Olinda*. Olinda: Babecos, 2012.

- MURRAY, Roseana. Falando de livros. In: *Casas*. Belo Horizonte: Formato, 1997.

- NAPP, Sérgio. Cato palavras. In: *Memórias das águas*. Porto Alegre: IEL, 2002.

- NERY, Ismael. Inércia. In: BARBOSA, Leila Maria Fonseca; RODRIGUES, Marisa Timponi Pereira. *Ismael Nery e Murilo Mendes: reflexos*. Juiz de Fora: UFJF/MAMM, 2009.

- NETHO, Paulo. Como quiser. In: *Bolinho de chuva e outras miudezas*. São Paulo: Peirópolis, 2011.

- OLIVEIRA, Maria Antonia de. Sem breque. In: *Terra de formigueiro*. São Paulo: Papirus, 1997.

- PAIXÃO, Fernando. O poeta. In: *Dia brinquedo*. São Paulo: FTD, 2019.

- PARREIRAS, Ninfa. Tempo do tempo. In: *Poemas do tempo*. São Paulo: Paulinas, 2009.

- PEDERNEIRAS, Mário. Trecho final (fragmento). In: *Poesia reunida*. Rio de Janeiro: Academia Brasileira de Letras, 2004.

- PEIXOTO, Afrânio. Crítica. In: *Trovas populares brasileiras*. São Paulo: Nabu Press, 2011.

- PEIXOTO, Afrânio. Malarmé ou Valéry. In: *Miçangas: poesia e folclore*. São Paulo: Editora Nacional, 1931.

- PEREIRA, Elisa. Agora eu sou a poesia. In: *Memórias da pele*. São Paulo: Chiado Books, 2018.

- PIMENTEL, Luís. Poesia não é só. In: *Dois dedos de poesia*. São Paulo: Global, 2010.

- PROTETI, João. À mão. In: *Galante*. São Paulo: Cortez, 2012.

- QUINTANA, Mario. Ah, sim, a velha poesia (fragmento). In: *Esconderijos do tempo*. São Paulo: Alfaguara, 2013.

- RAINHO, Jade. O tempo... In: *Canção da liberdade*. São Paulo: Córrego, 2017.

- RIBEIRO, Jonas. Simplicidade. In: *Quem é você afinal*? Recife: Prefácio, 2020.

- RITER, Caio. Visita. In: *Tantos barulhos*. Erechim: Edelbra, 2011.

- ROSSETTI, Alfredo. Consequente. In: *Colheita dos ventos*. Ribeirão Preto: Legis Summa, 2008.

- RUFINO, Eliakin. Poeta. In: *Cavalo selvagem*. Manaus: Valer, 2011.

- RUIZ, Alice. Lembra. In: *Dois em um*. São Paulo: Iluminuras, 2008.

- SAVARY, Flávia. Segunda janela. In: *Poesia quando nasce*. São Paulo: Melhoramentos, 2003.

- SAVARY, Olga. Para o aviador. In: *Repertório selvagem: Obra reunida*. Maringá: MultiMais, 1998.

- SETÚBAL, Paulo. A fazenda (fragmento). In: *Alma cabocla*. São Paulo: Nabu Press, 2010.

- SILVA, Da Costa e. As horas. In: *Poesias completas*. Rio de Janeiro: Nova Fronteira, 2000.

- SILVESTRIN, Ricardo. Palavra não é coisa. In: *Palavra mágica*. Porto Alegre: Massao Ono/IEL, 1994.

- SIQUEIRA, Lau. 1965. In: *O guardador de sorrisos*. Paraíba: Trema, 1998.

- SOBRAL, Cristine. A mão e a luva. In: *Não vou mais lavar os pratos*. 3. ed. Brasília: Edição do autor, 2016.

- SORRENTI, Neusa. O dia a dia da poesia. In: *Poemas empoleirados no fio do tempo*. Belo Horizonte: Autêntica, 2013.

- SOUZA, Angela Leite de. Palavras são pássaros. In: *Palavras são pássaros*. São Paulo: Salesiana, 2006.

- SOUZA, Auta de. Cores (fragmento). In: *Horto, outros poemas e ressonâncias: obra reunida*. Natal: UDUFRN, 2009.

- SOUZA, Gláucia de. Cantiga de dobra mundo. In: *Cantigas de ninar vento*. São Paulo: Paulus, 2007.

- SOUZA, Gláucia de. Astro lábio. In: *Astro lábio*. Porto Alegre: Projeto, 1998.

- TAITELBAUM, Paula. As palavras. In: *Palavra vai, palavra vem*. Porto Alegre: LP&M, 2013.

- TAVARES, Deolindo. O mundo do poeta (fragmento); Poema (fragmento). In: *Poesias Deolindo Tavares*. Recife: CEPE, 1988.

- TOLEDO, Nana. Tem livro. In: *Parece gente*. Blumenau: Gato leitor, 2015.

- TRINDADE, Solano. Chamada. In: *Poemas antológicos de Solano Trindade*. São Paulo: Nova Alexandria, 2008.

- VALVERDE, Juliana. Pisar no chão e voar. In: *Mindinho maior de todos*. São Paulo: Ôzé, 2017.

- VITAL, Amanda. Poesia se esconde. In: *Lux*. Guaratinguetá: Penalux, 2015.

- WOELLNER, Adélia Maria. Infinito em mim. In: *Infinito em mim*. Curitiba: Reproset Indústria Gráfica, 2000.

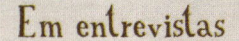

- ANDRADE, Carlos Drummond de. Disponível em: <http://www.tirodeletra.com.br/entrevistas/CarlosDrummonddeAndrade.htm>; <http://www.jornaldepoesia.jor.br/1ecaminha2.html>.

- ARAÚJO JORGE, J. G. Disponível em: <https://nuhtaradahab.wordpress.com/2008/08/09/j-g-de-araujo-jorge-entrevista-comigo-mesmo/>.

- BANDEIRA, Manuel. Disponível em: <https://www.revistabula.com/466-a-ultima-entrevista-de-manuel-bandeira/>.

- BARROS, Manoel de. Disponível em: <http://estacaodapalavra.blogspot.com/2011/03/entrevista-com-manoel-de-barros.html>; <http://www.jornaldepoesia.jor.br/>; <castel11.html>; <http://estacaodapalavra.blogspot.com/2011/03/entrevista-com-manoel-de-barros.html>.

- BELL, Lindolf. Disponível em: <https://www.lindolfbell.com.br/?page_id=156>.

- CAMPOS DE QUEIRÓS, Bartolomeu. Disponível em: <http://palavrafiandeira.blogspot.com/search/label/BARTOLOMEU%20CAMPOS%20DE%20QUEIRÓS>.

- CICERO, Antonio. Disponível em: <https://oglobo.globo.com/cultura/livros/dividido-entre-filosofia-a-poesia-antonio-cicero-lanca-livro-de-ensaios-21504870>; <http://www.tribunadonorte.com.br/noticia/antonio-cicero-um-homem-entre-a-razao-e-a-poesia/236652>.

- CUNHA MELO, Alberto da. Disponível em: <http://www.albertocmelo.com.br/2017/12/28/a-mais-longa-e-reveladora-entrevista-de-alberto-da-cunha-melo/>.

- CORALINA, Cora. Disponível em: <http://www.elfikurten.com.br/2011/12/cora-coralina-venho-do-seculo-passado-e.html>.

- GULLAR, Ferreira. Disponível em: <https://www.fronteiras.com/entrevistas/entrevista-ferreira-gullar-85-anos-de-poesia>; <https://arcagulharevistadecultura.blogspot.com/search?q=poesia+brasil>; <https://www.correiobraziliense.com.br/app/noticia/diversao-e-arte/2016/12/05/interna_diversao_arte,559998/em-ultima-entrevista-ao-correio-gullarfalou-sobre-poesia-arte-e-obr.shtml>; <http://www.jornaldepoesia.jor.br/gular01.html>.

- JARDIM, Rubens. Disponível em: <http://revistaartebrasileira.com.br/entrevista-poesia-pra-mim-ealquimia-diz-escritor-sobre-seu-livro-antologia-de-poemas-ineditos/>.

- KOLODY, Helena. Disponível em: <https://www.mundovestibular.com.br/estudos/resumo-de-livro/viagem-no-espelho-helena-kolody-resumo>.

- LIMA, Jorge de. Disponível em: <http://www.tirodeletra.com.br/entrevistas/JorgedeLima.htm>.

- LISBOA, Henriqueta. Disponível em: <http://www.biblioteca.pucminas.br/teses/Letras_AlvesBV_1>.

- MARANHÃO, Salgado. Disponível em: <https://fb.watch/3PGc9jL6vl/>.

- MATTOS, Cyro de. Disponível em: <http://sopadepoesia.blogspot.com/2009/11/micro-entrevista-com-cyro-de-mattos.html>.

- MEIRELES, Cecília. Disponível em: <http://www.tirodeletra.com.br/entrevistas/CeciliaMeireles.htm>.

- MELO NETO, João Cabral de. Disponível em: <https://sibila.com.br/mapa-da-lingua/conversas-com-o-poeta-joao-cabral-de-melo-neto-2/12301>.

- MENDES, Murilo. Disponível em: <http://www.tirodeletra.com.br/entrevistas/MuriloMendes.htm>.

- MENESES, Emílio. Disponível em: <https://blogdaboitempo.com.br/2018/05/16/cultura-inutil-esta-faltando-poesia/>.

- MURRAY, Roseana. Disponível em: <http://leonorcordeiro.blogspot.com/2007/04/continuando-comemorar-o-primeiro.html>.

- NEJAR, Carlos. Disponível em: <https://revistacaliban.net/carlos-nejar-60-anos-de-literatura-db8960655f61/>.

- PAIXÃO, Fernando. Disponível em: <http://www.jornaldepoesia.jor.br/r2souza15c.html>.

- PRADO, Adélia. Disponível em: <https://www.escrevendoofuturo.org.br/conteudo/biblioteca/nossas-publicacoes/revista/entrevistas/artigo/1883/entrevista-adelia-prado>.

- QUINTANA, Mario. Disponível em: <http://www.tirodeletra.com.br/entrevistas/MarioQuintana.htm>.

- SAVARY, Olga. Disponível em: <http://www.elfikurten.com.br/2014/05/olga-savary-voz-das-aguas.html>.

- SIQUEIRA, Lau. Disponível em: <http://www.jornaldepoesia.jor.br/r2souza07c.html>.

- VAZ, Sérgio. Disponível em: <http://www.cep.pr.gov.br/sites/cep/arquivos_restritos/files/documento/2020-01/entrevista_sergio_vaz.pdf>.

- VILLAÇA, Alcides. Disponível em: <https://www.escrevendoofuturo.org.br/conteudo/biblioteca/nossas-publicacoes/revista/entrevistas/artigo/415/entrevista-alcides-villaca>.

Era só vida.
Só, veio a poesia
e tirou-me o ar.

André Neves